4박 5일
해외여행 하는데

두꺼운 책이
필요해?

4박 5일
해외여행 하는데

꼭

두꺼운 책이
필요해?

서장혁 지음

토마토
출판사

4박 5일
해외여행 하는데 꼭 → 두꺼운 책이 필요해?

이 책의 콘셉트

짧은 해외여행을 계획한 분들에게 굳이 책 한 권 책 한 권 분량의 영어 공부가 필요할까? 해외 많은 곳을 발품으로 직접 돌아다녀 본 필자가 각 장소에서 꼭 쓰이는 필수 표현만을 골라서 수록하였습니다.

마음의 힐링을 하기도 전에 영어 공부로 지치는 일이 없도록 이 도서에 수록된 '쉽고 간편하고 꼭 쓰이는 30가지 패턴'만 가지고 현지에서 마음껏 편하게 여행 다녀오시길 바랍니다.

본 도서는 영어 왕초보인 부모님을 생각하며 기초 수준에 맞게 제작되었습니다.

기본기 연습용-1시간 학습

우리가 해외여행 중 외국인과 많이 말해봐야 30가지 패턴을 벗어나지 않습니다. 사실 그중에는 중복 내용도 많아서 30가지 패턴도 다 필요 없을 수 있습니다. 여행 떠나기 1시간 전, 아니면 비행기 안에서 1시간만 시간 내서 따라 읽어보세요. 각 장소별로 많이 쓰이는 문장만 골라 연습하기 때문에 현지에서 내가 말했던 문장이 바로 튀어 나올 수 있습니다.

▶1시간만 투자하세요.

현지 여행용-3초 실전

앞서 따라 해본 30가지 각 패턴을 가지고 이제 현지에서 직접 사용해보면 됩니다. 해외여행 중 마주치게 되는 현지 상황을 꼼꼼히 시간 순서대로 수록해서 그대로 뽑아 사용하면 됩니다.

▶3초 안에 현지에서 각 문장을 사용해보세요.

⏱️ 기본기 연습용 **1시간 학습**

③ 현지 여행용 **3초** 실전

기내에서 딱 1시간! 30개 패턴

기본기 연습용
1시간 학습

장소를 물어볼 때는 2가지만 기억하세요.

01 Where is _____? ~는 어디 있나요?

02 Where can I _____? 어디서 ~하죠?

01

Where is _____?

(_____ 는 어디 있나요?)

공항

Where is _____?

▸ the information
안내소는 어디 있나요?

▸ the departure area
출국장은 어디 있나요?

▸ TAX REFUND
세금 환급소는 어디 있나요?

▸ Check-in counter
탑승 수속 창구는 어디 있나요?

4박 5일 해외여행 하는데 **꼭** 두꺼운 책이 필요해?

교통수단

Where is ⬛⬛⬛⬛⬛⬛⬛⬛⬛⬛⬛ ?

▸ the subway station
지하철역은 어디 있나요?

▸ taxi stand
택시 승강장은 어디 있나요?

▸ bus stop
버스 정류장은 어디 있나요?

▸ the ticket machine
티켓 자동발매기는 어디 있나요?

호텔

Where is ⬛⬛⬛⬛⬛⬛⬛⬛⬛⬛⬛ ?

▸ front desk*
안내 데스크는 어디 있나요?

▸ concierge**
컨시어지는 어디 있나요?

▸ safe
금고는 어디 있나요?

▸ amenity
편의 용품은 어디 있나요?

---

*주로 체크인, 체크아웃 관련 일을 함
**주로 호텔 안내부터 관광, 쇼핑 등 투숙객의 요구를 관리함

쇼핑

Where is   ?

▸ the fitting room
탈의실은 어디 있나요?

▸ the cashier
계산대는 어디 있나요?

▸ the shopping cart
쇼핑 카트는 어디 있나요?

▸ the ATM
현금 자동인출기는 어디 있나요?

관광지

Where is   ?

▸ the entrance
입구가 어디 있나요?

▸ tourist map
관광 지도가 어디 있나요?

▸ city map
시내 지도가 어디 있나요?

▸ ticket counter
매표소가 어디 있나요?

02

Where can I _____?

(어디서 _____ 하죠?)

공항

Where can I _____?

▸ get a ticket
어디서 항공권 발매하죠?

▸ get my tax refund
어디서 세금 환급받죠?

▸ get my baggage
어디서 제 수하물 찾죠?

▸ get a cart
어디서 수하물용 카트 쓸 수 있죠?

교통수단

Where can I ?

▸ take the bus to Wall Street
(버스) 어디서 Wall Street로 가는 버스 타죠?

▸ get a one-day pass
(지하철) 어디서 지하철 1일 패스권 사죠?

▸ take Central line
(지하철) 어디서 Central line 노선 타죠?

▸ transfer to go downtown
(지하철) 어디서 시내로 가는 노선 갈아타죠?

간단한 요청(주문 / 구매 등)할 때는
1가지만 기억하세요.

03 **Can I get** _____?
~할 수 있나요? / ~(해)주실래요?

03

Can I get _____?

(_____ 할 수 있나요? / _____ (해)주실래요?)

공항

Can I get _____?

▸ a seat to NY
   뉴욕으로 가는 티켓 구매할 수 있나요?

▸ a ticket for Economy class
   일반석 구매할 수 있나요?

▸ an open ticket*
   오픈 티켓 구매할 수 있나요?

▸ the window seat
   창가 자리 구매할 수 있나요?

---

*오는 날짜가 기록되어 있지 않은 항공권

기내

Can I get ?

▶ a drink
음료수 좀 주실래요?

▶ some coffee
커피 좀 주실래요?

▶ blanket
담요 좀 주실래요?

▶ a disembarkation*
입국 신고서 좀 주실래요?

호텔

Can I get ?

▶ an upgrade
방 업그레이드 할 수 있나요?

▶ a late check-out
좀 늦게 체크인 할 수 있나요?

▶ a room service
룸서비스 시킬 수 있나요?

▶ more amenities
편의 용품 더 받을 수 있나요?

---

*입국 신고서

식당

Can I get ?

▸ a menu
메뉴판 좀 주실래요?

▸ a to-go box
포장 좀 해주실래요?

▸ a check
계산서 좀 주실래요?

▸ a receipt
영수증 좀 주실래요?

카페

Can I get ?

▸ a coffee
커피 1잔 주실래요?

▸ a sleeve*
슬리브 좀 주실래요?

▸ a refill**
리필 할 수 있나요?

▸ a carrier***
캐리어 좀 주실래요?

---

*외부로 가지고 나갈 때 뜨거운 잔을 위해서 감싸는 종이
**다 마시면 다시 무료로 채워주는 서비스
***여러 잔을 들고 가기 편하게 한꺼번에 넣을 수 있는 캐리어

21

쇼핑

Can I get ?

▸ another one
다른 거 좀 볼 수 있나요?

▸ samples
샘플 좀 볼 수 있나요?

▸ a discount
할인 받을 수 있나요?

▸ a tax refund
세금 환급받을 수 있나요?

관광지

Can I get ?

▸ a pass*
패스권 주실래요?

▸ a city map
시내 지도 주실래요?

▸ a tourist map
관광 지도 주실래요?

▸ a Korean version**
한국어 버 좀 주실래요?

---

*한 번 결제로 정해진 기간에 뮤지엄, 관광명소, 교통 등 모든 편의를 제공하는 티켓
**미술관이나 전시관에서 설명 기기를 사용할 때

상대방 질문에 대답할 때, 혹은 상대방 질문을 생략한 주문에는 3가지만 기억하세요.

04   **, please.** ~(해)주세요.

05   **I'd like to**   ~(로) 할게요.

06   **I'd like**   . ~(로) 할게요.

04

, please.

((해)주세요.)

공항

, please.

▸ One way
  편도로 해주세요.

▸ Round trip
  왕복으로 해주세요.

▸ Open ticket
  오픈티켓으로 해주세요.

▸ Business class
  비즈니스석으로 해주세요.

23

교통수단

_____, please.

▸ Hyatt
  (택시) Hyatt 호텔로가 주세요.

▸ Receipt
  (택시) 영수증 주세요.

▸ One-day ticket
  (지하철) 1일 패스로 주세요.

▸ Two tickets to Canal Street
  (버스/지하철) Canal Street 행 티켓 2장 주세요.

호텔

_____, please.

▸ A single room
  1인용 방으로 주세요.

▸ A double room
  2인용 방으로 주세요.

▸ An extra bed
  간이침대 주세요.

▸ A higher floor room
  높은 층의 방으로 주세요.

식당

██████████████████████████████, please.

▸ A lunch special
런치 스페셜 주세요.

▸ Make it two
같은 걸로 주세요.

▸ Well-done*
well-done으로 주세요.

▸ No cilantro
고수는 빼주세요.

▸ Not spicy
안 맵게 해주세요.

▸ Check
계산서 주세요.

카페

██████████████████████████████, please.

▸ Iced
아이스로 주세요.

▸ No ice
얼음은 빼주세요.

---

*바싹 익힌 고기

05

I'd like to .

((로) 할게요.)

공항

I'd like to .

▸ book a flight
  항공권 예약할게요.

▸ change my flight
  항공권을 바꿀게요.

▸ cancel my flight
  항공권을 취소할게요.

▸ carry this with me
  이 가방 기내에 갖고 탈게요.

▸ sit together
  좌석 같이 앉을게요.

4박 5일 해외여행 하는데 꼭 두꺼운 책이 필요해?

기내

I'd like to   .

▸ have a chicken salad
치킨 샐러드로 할게요.

▸ skip* the meal
식사는 안 먹을게요.

▸ have another drink
음료수 한 잔 더 할게요.

호텔

I'd like to   .

▸ book a room
방 예약할게요.

▸ check in
체크인 할게요.

▸ check out
체크아웃 할게요.

▸ change my room
방 좀 바꿀게요.

*skip : 건너뛰다

식당예약

I'd like to _____.

▸ book a table for 4
4인 예약할게요.

▸ change it from 7 to 8
7시에서 8시로 바꿀게요.

▸ get a seat by the window
창가 옆에 앉을게요.

▸ get a seat outside
외부에 앉을게요.

쇼핑

I'd like to _____.

▸ get a new one
새 제품으로 할게요.

▸ buy new arrivals
신상 살게요.

▸ get the refund
환불 받을게요.

▸ return this
이거 반품할게요.

일반상황

I'd like to ▭.

> ‣ open an account
> 은행 계좌 개설하고 싶어요.

> ‣ send this package
> 이 소포 보내고 싶어.

> ‣ claim* damages
> 손해 배상 청구하고 싶어요.

> ‣ file a police report**
> 분실물 신고서 작성하고 싶어요.

*claim : 청구하다
**police report : 분실물 신고서

06

I'd like ▭.

(어디서   (로) 할게요.)

호텔

I'd like ▭.

> ‣ a single room
> 1인용 방으로 할게요.

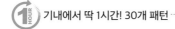

▸ a double room
2인용 방으로 할게요.

▸ a wake-up call
모닝콜 요청할게요.

▸ the laundry service
세탁 서비스 요청할게요.

식당

I'd like   .

▸ some coffee
커피로 할게요.

▸ some dessert
디저트 할게요.

▸ oyster sauce
굴소스로 할게요.

▸ ketchup on the side
케첩은 접시 한쪽에 따로 할게요.

4박 5일 해외여행 하는데 꼭 두꺼운 책이 필요해?

직접적인 요청이나 요구를 할 때는 3가지만 기억하세요.

07 **Can you** _____? ~해주실래요?

08 **Could you** _____? ~해주시겠어요?

09 **Please,** _____. ~하세요.

07

Can you _____?

(_____ 해주실래요?)

교통수단

Can you _____?

▸ pull over here
여기 세워주실래요?

▸ stop at the corner
코너에서 세워주실래요?

▸ take out my baggage
트렁크에서 제 가방 빼주실래요?

▸ get me a taxi
(호텔 벨보이에게) 택시 좀 잡아주실래요?

31

식당

Can you ?

▸ put me on the waiting list
대기 명단에 좀 넣어주실래요?

▸ clear the table
테이블 좀 닦아주실래요?

▸ bring them all together
음식을 한꺼번에 주실래요?

▸ bring them separately
음식을 순서대로 주실래요?

▸ cut it in half
반으로 잘라주실래요?

▸ warm it up
좀 데워주실래요?

쇼핑

Can you ?

▸ show me another one
다른 것 좀 보여주실래요?

▸ pack them separately
따로따로 포장해주실래요?

08

Could you ?

(해주시겠어요?)

공항

Could you ?

▸ help me with this luggage
이 가방 좀 들어주시겠어요?

▸ keep my bag for a second
이 가방 잠깐 좀 봐주시겠어요?

교통수단

Could you ?

▸ take me to this address
이 주소로 좀 가주시겠어요?

▸ open the trunk
트렁크 좀 열어주시겠어요?

▸ turn on the AC
에어컨 좀 틀어주시겠어요?

▸ drive a bit faster
좀 빨리 운전해주시겠어요?

▸ slow down
좀 천천히 운전해주시겠어요?

식당

Could you   ?

▸ put these tables together
여기 테이블 좀 붙여주시겠어요?

▸ recommend something to share
나누어 먹을 수 있는 것 추천 좀 해주시겠어요?

▸ split the bill
따로 계산할 수 있게 해주시겠어요?

쇼핑

Could you   ?

▸ give me an extra bag
포장 가방 하나 더 주시겠어요?

▸ gift-wrap this
이거 좀 싸주시겠어요?

응급상황

Could you   ?

▸ call an ambulance
구급차 좀 불러주시겠어요?

▸ get me my insurance company
보험 회사 좀 불러주시겠어요?

▸ connect me to the Korean Embassy
한국 대사관에 연결해주시겠어요?

4박 5일 해외여행 하는데 꼭 두꺼운 책이 필요해?

09

Please,   .

(하세요.)

___택시___

Please,   .

- ▸ put my baggage in the trunk
  트렁크에 짐 좀 실어주세요.

- ▸ go straight ahead
  곧장 쭉 가세요.

- ▸ just keep going
  계속 가세요.

- ▸ turn left at the corner
  코너에서 왼쪽으로 도세요.

- ▸ turn right at the next light
  다음 신호등에서 우회전하세요.

- ▸ stop at the corner
  코너에서 세워주세요.

- ▸ drop me off here
  여기 내려주세요.

- ▸ keep the change
  거스름돈은 안 주셔도 돼요.

사물, 장소의 유무를 물어볼 때는
2가지만 기억하세요.

10 **Is there** ? ~있나요?

11 **Do you have** ? ~있나요?

10

Is there ?
(있나요?)

공항

Is there ?

▸ an airport shuttle bus
공항 버스가 있나요?

▸ a non-stop flight to Boston
보스톤으로 가는 직행 있나요?

▸ any cancellation fee
취소하면 수수료 있나요?

▸ over the weight limit
수하물 제한이 있나요?

4박 5일 해외여행 하는데 꼭 두꺼운 책이 필요해?

호텔

Is there _____?

- ▸ free Wi-Fi in the room
  방 안에 Wi-Fi 가 있나요?

- ▸ a shuttle bus to the airport
  공항으로 가는 셔틀 버스가 있나요?

- ▸ a gym
  운동 시설이 있나요?

- ▸ a swimming pool
  수영장이 있나요?

- ▸ a rooftop bar in the hotel
  호텔 안에 루프탑 바가 있나요?

관광지

Is there _____?

- ▸ a nearby tourist attraction
  근처 관광 명소가 있나요?

- ▸ any discount for the student
  학생들을 위한 할인이 있나요?

37

11

Do you have _____ ?

(_____ 있나요?)

공항

Do you have _____ ?

▸ a direct flight to Chicago
시카고로 가는 직항이 있나요?

▸ any flight to NY
뉴욕으로 가는 항공편이 있나요?

▸ any non-stop flights
직항 있나요?

▸ a seat next to the emergency exit
비상구 옆에 자리 있나요?

호텔

Do you have _____ ?

▸ a room for this weekend
이번 주 방 있나요?

▸ any rooms for two adults
성인 2인용 방 있나요?

▸ any extra bed
간이침대 있나요?

4박 5일 해외여행 하는데 꼭 두꺼운 책이 필요해?

식당

Do you have ?

▸ a table for three
3인 자리 있나요?

▸ a coat check
외투 보관소가 있나요?

▸ some local food
로컬 푸드 있나요?

▸ a lunch special
점심 특선 메뉴가 있나요?

쇼핑

Do you have ?

▸ this in my size
이거 제 사이즈로 있나요?

▸ a smaller one
좀 더 작은 거 있나요?

▸ another one
다른 거 있나요?

▸ samples
샘플 있나요?

시간 관련해서 물어볼 때는 3가지만 기억하세요.

12 **When is** ? 언제 ~인가요?

13 **What time** ? 몇 시에 ~하나요?

14 **How long** ? ~하는 데 얼마나 걸리나요?

12

When is ?

(언제 인가요?)

기내

When is ?

▸ the meal served
언제 기내식이 제공되나요?

▸ the landing time
언제 착륙하나요?

교통수단

When is ?

> ▸ the next bus
> 언제 다음 버스가 있나요?

> ▸ the bus coming
> 언제 버스가 오나요?

> ▸ the next train to Boston
> 언제 보스턴행 기차가 있나요?

> ▸ the earliest train
> 언제가 가장 빠른 기차인가요?

> ▸ the train to NY coming
> 언제 뉴욕행 기차가 출발하나요?

호텔

When is ?

> ▸ the check-in
> 언제 체크인인가요?

> ▸ the check-out
> 언제 체크아웃인가요?

> ▸ the restaurant opening
> 언제 식당이 열리나요?

41

13

What time ?

(몇 시에 ~하나요?)

호텔

What time ?

▸ is the check-in
체크인은 몇 시인가요?

▸ is the check-out
체크아웃은 몇 시인가요?

▸ is breakfast
아침은 몇 시인가요?

교통수단

What time ?

▸ is the earliest subway
첫 지하철은 몇 시인가요?

▸ is the last subway
마지막 지하철은 몇 시인가요?

4박 5일 해외여행 하는데 꼭 두꺼운 책이 필요해?

쇼핑

What time _____?

▸ do you open
  몇 시에 문 여나요?

▸ do you close
  몇 시에 폐장하나요?

14

How long _____?

(_____ 하는 데 얼마나 걸리나요?)

공항

How long _____?

▸ does it take to get to Korea
  한국까지 가는 데 얼마나 걸리나요?

▸ is the layover in Hong Kong
  홍콩에서 경유 시간은 얼마나 걸리나요?

교통수단

How long ?

▸ does it take to Central Park
센트럴 파크까지 얼마나 걸리나요?

▸ will it take from here
여기서 얼마나 걸리나요?

식당

How long ?

▸ should I wait
기다리는 데 얼마나 걸리나요?

4박 5일 해외여행 하는데 꼭 두꺼운 책이 필요해?

상황(물건 / 맛 / 상태 등)을
지칭할 때는 **3가지**만 기억하세요.

15 **Here is** _____. 여기 ~있어요.

16 **It is** _____. ~입니다. / ~이에요.

17 **This is** _____. 여기가 ~입니다. / 이것이 ~입니다.

15

Here is _____.

(여기 _____ 있어요.)

공항

Here is _____.

- ▸ my passport
  여기 제 여권 있어요.

- ▸ my ticket
  여기 제 티켓 있어요.

- ▸ the fare
  여기 요금 있어요.

- ▸ my baggage claim tag
  여기 제 수하물 표 있어요.

16

It is _____.

(_____ 입니다. / _____ 이에요.)

공항

It is _____.

▸ mine
제 짐이에요.

입국심사

It is _____.

▸ my first time
제 첫 방문입니다.

호텔

It is _____.

▸ PARK, P,A,R,K.
(예약자 이름은) PARK입니다. P, A, R, K 예요.

교통수단

It is _____.

▸ right on the corner
(차 세울 곳은) 코너 오른쪽입니다.

4박 5일 해외여행 하는데 꼭 두꺼운 책이 필요해?

식당

It is _____.

- ▸ overcooked
  너무 익었어요.

- ▸ undercooked
  덜 익었어요.

- ▸ too salty
  너무 짜요.

- ▸ too spicy
  너무 매워요.

쇼핑

It is _____.

- ▸ too small
  너무 작아요.

- ▸ too loose
  너무 헐렁해요.

- ▸ too tight
  너무 꽉 껴요.

- ▸ too expensive
  너무 비싸요.

17

This is _____.

(여기가 _____ 입니다. / 이것이 _____ 입니다.)

공항

This is _____.

▸ my baggage
이것이 제 짐이에요.

입국심사

This is _____.

▸ my second trip
이번이 제 두 번째 여행입니다.

교통수단

This is _____.

▸ my stop
(버스) 여기서 내려요.

▸ it
(택시) 다 왔어요.

4박 5일 해외여행 하는데 **꼭** 두꺼운 책이 필요해?

상황(물건 / 맛 / 상태 등)을
물어볼 때는 **2가지**만 기억하세요.

18 Is it _____ ? 인가요?

19 Is this _____ ? 여기가 ~인가요? / 이것이 ~인가요?)

18

> ## Is it _____ ?
> (_____ 인가요?)

교통수단

Is it _____ ?

▶ **possible to make a U-turn here**
여기서 유턴해도 되나요?

호텔

Is it _____ ?

▶ **possible to stay two more days**
이틀 더 머물러도 되나요?

관광지

Is it ?

▸ **open to public**
개방되어 있나요?

쇼핑

Is it ?

▸ **sold out**
품절인가요?

▸ **on sale**
세일 중인가요?

▸ **new**
신상인가요?

▸ **for men**
남성용인가요?

▸ **for women**
여성용인가요?

▸ **the last one**
이 상품이 마지막인가요?

▸ **the largest one**
이게 제일 큰 건가요?

4박 5일 해외여행 하는데 꼭 두꺼운 책이 필요해?

▸ cheaper if I pay in cash
현금으로 계산하면 더 싼가요?

▸ refundable
환불 가능한가요?

19

Is this   ?

(여기가   인가요? / 이것이   인가요?)

Is this   ?

▸ a line for priorities*
여기가 우선 탑승줄인가요?

▸ a line for foreigners
여기가 외국인 전용줄 인가요?

▸ a line for ESTA**
여기가 ESTA 비자 줄인가요?

---

*노약자, 일정 나이 이하의 어린이, 비즈니스석 이상의 우선 탑승줄
**미국 입국 시 온라인으로 미리 허가를 받은 비자

상점

Is this ?

▸ a line for the fitting room
여기가 탈의실 줄인가요?

▸ a line for a tax refund
여기가 세금 환급받는 줄인가요?

관광지

Is this ?

▸ a line for tickets
여기가 티켓 구매줄인가요?

교통수단

Is this ?

▸ an express train
이것이 급행열차인가요?

▸ the platform to NY
여기가 뉴욕행 플랫폼인가요?

▸ going to Boston
이것이 보스톤행 기차인가요?

식당

Is this   ?

▸ a waiting list
이것이 대기자 명단인가요?

▸ organic
이것이 유기농인가요?

약국

Is this   ?

▸ over the counter
이거 처방전 필요 없는 건가요?

20 **How much is** ? ~는 얼마인가요?

21 **What is** ? ~는 무엇인가요? / ~는 어떤가요?

22 **Can I** ? ~할 수 있을까요?

23 **How can I** ? 어떻게 ~하나요?

24 **Do I have to** ? ~해야 하나요?

20

How much is ?

(는 얼마인가요?)

공항

How much is ?

▸ the first class
1등석은 얼마인가요?

4박 5일 해외여행 하는데 꼭 두꺼운 책이 필요해?

> ▸ the seat upgrade
> 업그레이드 좌석은 얼마인가요?

호텔

How much is ?

> ▸ it per night
> 1박에 얼마인가요?

> ▸ the extra charge
> 추가 비용은 얼마인가요?

쇼핑

How much is ?

> ▸ it
> 얼마인가요?

> ▸ this shirt
> 이 셔츠는 얼마인가요?

> ▸ the original price
> 원가는 얼마인가요?

> ▸ it for one bottle
> 1병에 얼마인가요?

> ▸ the total
> 총 얼마인가요?

관광지

How much is [   ]?

▸ the admission fee
입장료 얼마인가요?

▸ it per person
1인당 얼마인가요?

▸ it for two adults
성인 2명 얼마인가요?

▸ the parking fee
주차료 얼마인가요?

교통수단

How much is [   ]?

▸ the fare to Brooklyn
브루클린까지 요금 얼마인가요?

일반상황

How much is [   ]?

▸ the late fee
연체료는 얼마인가요?

▸ the fine
벌금은 얼마인가요?

4박 5일 해외여행 하는데 꼭 두꺼운 책이 필요해?

21

What is ?

(는 무엇인가요? / 는 어떤가요?)

공항

What is ?

▸ the exchange rate
환율이 어떤가요?

호텔

What is ?

▸ my room number
방 번호 몇 호인가요?

▸ the Wi-Fi password
Wi-Fi 비밀번호 무엇인가요?

관광지

What is ?

▸ this line for
이거 무슨 줄인가요?

식당

What is ?

▶ the signature here
여기 대표 음식이 무엇인가요?

▶ your favorite
뭐가 제일 맛있나요?

▶ today's special
오늘 특별식이 무엇인가요?

▶ this made of
이 음식은 무엇으로 만들어졌나요?

쇼핑

What is ?

▶ the most popular item
가장 인기 있는 상품이 무엇인가요?

▶ a good local souvenir
지역 특산 기념품이 무엇인가요?

▶ this for
무슨 용도이죠?

22

Can I   ?

(할 수 있을까요?)

공항

Can I   ?

▸ change the date
날짜 바꿀 수 있나요?

▸ cancel my reservation
예약 취소할 수 있나요?

▸ carry it on board
기내에 들고 탈 수 있나요?

기내

Can I   ?

▸ change my seat
자리 좀 바꿀 수 있나요?

▸ turn on the light
전등 좀 켤 수 있나요?

▸ eat later
이따가 먹을 수 있나요?

▸ borrow a pen
펜 좀 빌릴 수 있나요?

59

교통수단

Can I ?

▸ pay with credit
카드로 계산할 수 있나요?

호텔

Can I ?

▸ check in now
지금 체크인 할 수 있나요?

▸ leave my luggage until check in
체크인까지 제 짐 좀 맡길 수 있나요?

▸ borrow an adaptor
어댑터 좀 빌릴 수 있나요?

식당

Can I ?

▸ have the menu
메뉴판 좀 받을 수 있나요?

▸ have the check
계산서 좀 받을 수 있나요?

▸ try this
이거 먹어봐도 되나요?

4박 5일 해외여행 하는데 **꼭** 두꺼운 책이 필요해?

쇼핑

Can I ?

▸ try it on
이거 입어봐도 되나요?

▸ try a bigger one
좀 큰 걸로 입어봐도 되나요?

▸ change the color
다른 색상으로 바꿔도 되나요?

▸ exchange this for another one
이거 다른 걸로 교환해도 되나요?

▸ load the washer
세탁기에 돌려도 되나요?

관광지

Can I ?

▸ take a photo here
여기서 사진 찍어도 되나요?

▸ drop it off at another place
다른 곳에 반납해도 되나요?

61

23

How can I   ?

(어떻게   하나요?)

교통수단

How can I   ?

▸ get downtown
시내로 어떻게 가나요?

▸ get to Hilton hotel
Hilton 호텔로 어떻게 가나요?

▸ get to the bus station
버스 정거장으로 어떻게 가나요?

관광지

How can I   ?

▸ get a ticket
입장권 어떻게 구매하죠?

약국

How can I   ?

▸ take this medicine
이 약 어떻게 복용하나요?

4박 5일 해외여행 하는데 꼭 두꺼운 책이 필요해?

24

Do I have to ?

(해야 하나요?)

공항

Do I have to ?

▸ claim my luggage here
여기서 짐 찾아야 하나요?

▸ take out all my belongings
제 짐 다 빼야 하나요?

교통수단

Do I have to ?

▸ transfer to another bus
다른 버스로 갈아타야 하나요?

▸ change at the Bronx
Bronx역에서 갈아타야 하나요?

호텔

Do I have to   ?

▸ pay deposit
보증금 내야 하나요?

식당

Do I have to   ?

▸ make a reservation
예약해야 하나요?

▸ pay in advance
선불인가요?

▸ pay here or at the front
여기서 계산해야 하나요? 아니면 앞에서 계산해야 하나요?

▸ pay with cash only
현금으로만 계산해야 하나요?

4박 5일 해외여행 하는데 꼭 두꺼운 책이 필요해?

쇼핑

Do I have to ?

▸ wash it in cold water
찬물에 세탁해야 하나요?

▸ do dry cleaning
드라이클리닝 해야 하나요?

관광지

Do I have to ?

▸ get a ticket in advance
티켓 미리 구매해야 하나요?

▸ get a ticket online
티켓 온라인으로 구매해야 하나요?

65

내 입장(의지 / 목적 / 문제점 / 상태)을 표현하는 주요 표현 6가지만 기억하세요.

25 I wanna _____. ~하려고요.

26 I will _____. ~하려고요. / ~할게요.

27 I'm here to _____. ~하러 왔어요.

28 I can't _____. ~할 수가 없네요.

29 I think _____. ~인 것 같아요.

30 I have _____. (지금) ~예요.

25

I wanna _____.

(_____ 하려고요.)

4박 5일 해외여행 하는데 꼭 두꺼운 책이 필요해?

쇼핑

I wanna _____.

▸ get a souvenir
기념품 사려고요.

▸ get fridge magnets
냉장고 자석 기념품 사려고요.

공항

I wanna _____.

▸ confirm my flight
항공권 예약 확인하려고요.

▸ leave this Friday
이번 주 금요일에 떠나려고요.

▸ have a layover in Japan
일본으로 가는 경유 편 예약하려고요.

▸ charge my phone
휴대폰 충전하려고요.

▸ sit in the front
앞에 앉으려고요.

▸ exchange dollars to Euros
달러를 유로로 환전하려고요.

응급상황

I wanna   .

> ‣ call the insurance company
> 보험 회사 좀 부르려고요.

> ‣ contact the Korean embassy
> 한국 대사관 연락하려고요.

26

I will   .

(　　　하려고요. / 　　　할게요.)

입국심사

I will   .

> ‣ return in October
> 10월에 돌아가려고요.

> ‣ stay for four days
> 4일간 머무르려고요.

> ‣ go back to my country this Friday
> 이번 주 금요일에 다시 돌아가려고요.

> ‣ stay at the Marriot hotel
> Marriot 호텔에 머무르려고요.

4박 5일 해외여행 하는데 꼭 두꺼운 책이 필요해?

▸ stay at my sister's
제 누이 집에 머무르려고요.

▸ stay at my relative's
제 친척 집에 머무르려고요.

▸ stay at my friend's
제 친구 집에 머무르려고요.

▸ stay at a guest house
게스트 하우스에 머무르려고요.

공항

I will

▸ carry it with me
기내에 들고 가려고요.

식당

I will

▸ make an order when I'm ready
준비되면 주문하려고요.

쇼핑

I will

▸ take this
이걸로 할게요.

▸ come back later
나중에 올게요.

27

I'm here to _____.

(_____ 하러 왔어요.)

공항

I'm here to _____.

▸ pick up my SIM card
주문한 SIM 카드 받으러 왔어요.

입국심사

I'm here to _____.

▸ visit my family
가족 방문하려고 왔어요.

▸ take a trip
관광하러 왔어요.

쇼핑

I'm here to _____.

▸ get a refund
환불하러 왔어요.

4박 5일 해외여행 하는데 꼭 두꺼운 책이 필요해?

편의시설

I'm here to _____.

▸ pick up my laundry
세탁물 찾으러 왔어요.

28

I can't _____.

(_____ 할 수가 없네요.)

공항

I can't _____.

▸ find my baggage
짐을 찾을 수가 없네요.

호텔

I can't _____.

▸ find the slippers
슬리퍼를 찾을 수가 없네요.

▸ use hot water
온수를 사용할 수가 없네요.

▸ access the internet
인터넷 접속할 수가 없네요.

▸ turn on the light
불을 켤 수가 없네요.

쇼핑

I can't

> afford it
돈이 모자라서 살 수가 없네요.

29

I think   .

(인 것 같아요.)

교통수단

I think   .

> I missed my stop
정류장 지나친 것 같아요.

> I got on the wrong train
지하철 잘못 탄 거 같아요.

쇼핑

I think   .

> it's too big for me
제게 너무 큰 거 같아요.

> it's too expensive
너무 비싼 거 같아요.

4박 5일 해외여행 하는데 꼭 두꺼운 책이 필요해?

▸ the bill is wrong
계산서가 잘못 나온 것 같아요.

▸ you gave me the wrong change
거스름 돈 잘못 주신 거 같아요.

▸ you charged me twice
두 번 계산하신 거 같아요.

문제발생

I think _____.

▸ this is my seat
여기가 제 자리인 것 같아요.

▸ the AC is not working
에어컨이 고장인 것 같아요.

▸ I lost my bag
가방을 잃어버린 거 같아요.

▸ I lost my ticket
티켓을 잃어버린 거 같아요.

▸ I lost my card
카드를 잃어버린 거 같아요.

▸ my baggage is damaged
제 수하물이 손상을 입은 거 같아요.

▸ my briefcase is missing
제 가방을 잃어버린 거 같아요.

73

▸ I left my passport in the train
기차에 여권을 두고 내린 거 같아요.

▸ someone took my bag
누군가가 제 가방을 훔쳐간 거 같아요.

30

I have _____ .

((지금) _____ 예요.)

공항

I have _____ .

▸ one bag to check in
체크인 할 가방은 하나예요.

쇼핑

I have _____ .

▸ oily skin
지성 피부예요.

▸ light skin
밝은 피부톤이에요.

4박 5일 해외여행 하는데 **꼭** 두꺼운 책이 필요해?

병 / 컨디션

I have

▸ a fever
열이 있어요.

▸ a headache
머리가 아파요.

▸ a stomachache
배가 아파요.

▸ diarrhea
설사해요.

3초 안에 샘플 예문을 이용해 대화를 합시다!

현지 여행용
3초 실전

(출발지 회화는 한국 내 공항이므로 패스!)

1. 현지 공항 내려서 **입국 심사 통과**하자.

TIP '방문 목적-직업-방문 횟수-체류 기간-체류 장소'만 준비하세요.

❶ 줄 서기

▶ Is this a line for foreigners?
여기가 외국인 줄인가요?

▶ Where can I get a line for foreigners?
외국인 줄은 어디인가요?

▶ Can I go through with my family?
가족이 함께 심사받을 수 있나요?

▶ We are together.
우리 일행이에요.

❷ 방문 목적: ~하러 왔어요.

▶ I'm here to study.
공부하러 왔어요.

▶ I'm here to visit my family.
가족 방문차 왔어요.

▶ I'm here to take a trip.
관광 때문에 왔어요.

▶ I'm on a business trip.
출장차 왔어요.

❸ 직업 : ~입니다.

▶ I'm a university student.
저는 대학생이에요.

▶ I'm an office worker.
저는 회사원이에요.

▶ I'm a housewife.
저는 주부에요.

▶ I work for the government.
저는 공무원이에요.

❹ 방문 횟수 : ~번입니다.

▶ It's my first time.
첫 번째 방문이에요.

▶ This is my second trip.
두 번째 방문이에요.

▶ I have been here several times.
여러 번 다녀왔어요.

▶ I have never been here before.
이곳이 처음이에요.

❺ 체류 기간 : ~동안 머무르려고요.

▸ I'll stay for three days.
3일간 머무르려고요.

▸ I'll stay for a week.
일주일간 머무르려고요.

▸ I'll stay for two weeks.
2주간 머무르려고요.

▸ I'll go back to my country this Sunday.
이번 주 일요일에 귀국하려고요.

❻ 체류 장소 : ~에 머무르려고요.

▸ I'll stay at ABC hotel.
저는 ABC hotel에 머무르려고요.

▸ I'll stay at my sister's.
저는 언니 집에 머무르려고요.

▸ I'll stay at my relative's.
저는 친척 집에 머무르려고요.

▸ I'll stay at my friend's.
저는 친구 집에 머무르려고요.

2. 입국 심사 통과 후 짐을 찾자.

TIP 입국 심사를 나오면 'Baggage' 혹은 'Baggage Claim'(수하물 찾는 곳) 표지판만 따라가자.)

❶ 수하물 찾기

▸ **Where is the baggage claim?**
어디서 수하물 찾을 수 있죠?

▸ **Where can I get my baggage?**
어디서 수하물 받을 수 있죠?

▸ **Where can I get a cart?**
어디서 카트 받을 수 있죠?

▸ **Could you help me with this baggage?**
이 가방 드는 것 좀 도와주시겠어요?

❷ 수하물 문제가 생겼을 때 신고하기.

▸ **I think this is my bag.**
제 짐인 것 같습니다.

▸ **I think I lost my bag.**
제 짐을 잃어버린 거 같아요.

▸ **I can't find my baggage.**
제 짐 못 찾겠어요.

▸ **Where is the Lost and Found?**
분실물센터는 어디에 있나요?

3. 현지 공항 **출국장에서 정보**를 받자.

TIP 'information desk'나 'taxi / bus / subway' 표지만을 찾아 나가자.
subway(지하철)은 국가마다, 'metro / metropolitan / tube / underground' 등
명칭이 다양하니 주의하자.

❶ 현지 공항 출국장 이용하기

▸ Where is the exit?
출구는 어디인가요?

▸ Where is the information center?
안내소는 어디인가요?

▸ Where is the money exchange?
환전소는 어디에 있나요?

▸ Where can I get a SIM card?
SIM 카드는 어디서 받을 수 있나요?

❷ 공항에서 교통 정보 물어보기

▸ Can I get a city map?
시내 지도를 받아볼 수 있나요?

▸ Can I get a tourist map?
관광 지도를 받아볼 수 있나요?

▸ How can I get downtown?
시내로 어떻게 가나요?

▸ How can I get to Hyatt hotel?
Hyatt 호텔 가려면 어떻게 갈 수 있나요?

4. 교통편으로 공항 빠져나가기.

TIP 버스 / 택시 / 지하철 등 각 교통편별로 상황이 다르니 필수 표현 꼭 알아두자.

❶ 버스 이용하기

▸ Where is the bus stop?
버스 정류장이 어디 있죠?

▸ Is there a bus going downtown?
시내로 가는 버스 있나요?

▸ Where can I get a bus ticket?
버스표는 어디에서 구입하나요?

▸ When is the bus coming?
버스는 언제 오나요?

❷ 버스 탑승하기

▸ Are you going downtown?
시내로 가는 버스인가요?

▸ Do you stop at Penn station?
펜실베니아 역에 서나요?

▸ This is my stop.
여기서 내려요.

▸ I think I missed my stop.
내릴 곳을 지나친 거 같아요.

❸ 택시 이용하기

▸ **Where is the taxi stand?**
택시 승강장이 어디있죠?

▸ **ABC hotel, please.**
ABC hotel로 가주세요.

▸ **Could you open the trunk?**
트렁크 좀 열어주시겠어요?

▸ **Could you take me to this address?**
이 주소로 데려다주시겠어요?

❹ 목적지에서 택시 내리기

▸ **Please drop me off here.**
여기 세워주세요.

▸ **Can you take out my baggage?**
짐 좀 꺼내주실래요?

▸ **Can I pay with credit?**
신용 카드로 계산할 수 있나요?

▸ **Here is the fare.**
여기 요금이요.

❺ 지하철 표 구하기

▸ Where is the subway station?
지하철 역은 어디에 있나요?

▸ Where can I get a ticket?
어디서 지하철 표를 구입하나요?

▸ Where is the ticket machine?
티켓 발매기는 어디에 있나요?

▸ Can I get a one-day pass?
1일 이용권 살 수 있나요?

❻ 지하철 탑승하기

▸ Where can I take Central line?
Central line은 어디서 탈 수 있나요?

▸ Where can I transfer to Central park?
Central park에 가는 데 어디서 환승해야 하나요?

▸ What time is the last subway of this line?
이 호선의 막차는 몇 시인가요?

▸ I think I got on the wrong train.
지하철을 잘못 탄 거 같아요.

5. **호텔 이용**하기

TIP '체크인 – 룸 배정 – 부대시설 – 서비스 – 요구 사항 – 체크아웃' 순서로 기억하자.
보통 온라인으로 예약하고 가기 때문에 체크인할 때는 이름만 말해주면 된다.

❶ 호텔 체크인 하기

▶ I would like to check in.
체크인 할게요.

▶ Can I check in now?
지금 체크인 할 수 있나요?

▶ It's PARK, P,A,R,K.
박씨로 예약했어요. 철자는 P, A, R, K입니다.

▶ Can I leave my baggage until check-in?
체크인 전까지 짐 좀 맡길 수 있나요?

❷ 호텔 룸에 대해 물어보기

▶ Can I get an upgrade?
업그레이드 할 수 있나요?

▶ What's my room number?
제 방 번호가 어떻게 되나요?

▶ Is there free Wi-Fi in the room?
방에 무료 와이파이 있나요?

▶ What is the Wi-Fi password?
와이파이 비밀번호가 무엇인가요?

4박 5일 해외여행 하는데 **꼭** 두꺼운 책이 필요해?

❸ 호텔 부대시설 물어보기

▸ What time is breakfast?
아침 식사는 몇 시 인가요?

▸ Where can I have breakfast?
아침 식사는 어디서 먹을 수 있나요?

▸ Is there an airport shuttle bus?
공항 셔틀 버스가 있나요?

▸ Is there a gym?
운동 시설이 있나요?

❹ 호텔 서비스 이용하기

▸ I wanna order room service.
룸서비스를 주문하고 싶습니다.

▸ I want more towels in my room.
제 방에 수건 몇 장 좀 더 주세요.

▸ I want more amenities in my room.
제 방에 편의 용품 몇 개 좀 더 주세요.

▸ Can I get a wake-up call at 6?
6시에 모닝콜을 받을 수 있나요?

❺ 요구 사항 말하기

▸ I can't find the slippers.
슬리퍼를 찾을 수 없네요.

▸ I can't find the safe.
금고를 찾을 수 없네요.

▸ I can't access the internet.
인터넷 이용이 안 되네요.

▸ I can't turn on the light.
조명을 켤 수가 없네요.

❻ 호텔 체크아웃하기

▸ I would like to check out.
체크아웃 하고 싶어요.

▸ How much extra do I have to pay?
얼마나 더 내야 하나요?

▸ Can you get me a taxi?
택시 좀 불러주실래요?

▸ Could you keep my bag for a second?
가방을 잠깐 맡아주실 수 있을까요?

6. 식당 이용하기

TIP '예약-주문-디저트-포장-계산' 순서로 기억하자.
현지 음식이 익숙하지 않아 현장에서 당황하는 경우가 있으니,
여행 전 현지 음식에 대해 어느 정도 알고 가는 것도 도움이 된다.

❶ 예약하기

▸ Do you take walk-ins?
예약 없이 가도 되나요?

▸ Is this a waiting list?
이것이 대기자 명단인가요?

▸ Can you put me on the waiting list?
대기자 명단에 올려주시겠어요?

▸ I'd like to book a table for 5.
오늘 5인용 자리 좀 예약하려고요.

❷ 입장하기

▸ Two please.
두 사람이요.

▸ Do you have a coat check?
외투 보관소가 있나요?

▸ Can I get a seat by the window?
창가 자리로 주실 수 있나요?

▸ Outside please.
야외 자리로 해주세요.

❸ 주문하기 전 메뉴 물어보기

▸ Can I have the menu?
메뉴판 좀 주실래요?

▸ I wanna order.
주문할게요.

▸ What is your favorite?
무엇을 제일 잘하나요?

▸ What is the signature?
대표 요리가 무엇인가요?

❹ 주문하기

▸ A lunch special, please.
점심 특선으로 주세요.

▸ Please make it two.
같은 걸로 주세요.

▸ I wanna share.
같이 먹을게요.

▸ Can you bring them separately?
따로따로 가져다주실 수 있나요?

❺ 음식에 대해 요구하기

▸ What is this made of?
이것은 무엇으로 만들어졌나요?

▸ Please hold the mayo.
마요네즈는 빼주세요.

▸ No cilantro please.
고수는 빼주세요.

▸ Not spicy please.
안 맵게 해주세요.

❻ 요구 사항 말하기

▸ It's overcooked.
너무 익었는데요.

▸ It's undercooked.
덜 익었어요.

▸ I'd like ketchup on the side.
케첩을 접시 한쪽에 주세요.

▸ Can you warm it up?
데워주실 수 있나요?

91

❼ 식사 후 디저트 및 포장 요구하기

▸ I would like some dessert.
디저트 먹을게요.

▸ I would like some coffee.
커피로 할게요.

▸ I'll skip the dessert.
디저트는 안 먹을게요.

▸ Can I get a to-go box?
남은 음식 포장해 갈 박스 있나요?

❽ 계산하기

▸ Check, please.
계산서 주세요.

▸ Do I have to pay here or at the front?
여기서 낼까요, 프런트에서 낼까요?

▸ How much is it in total?
다 합해서 얼마인가요?

▸ Could you split the bill?
각자 계산해주실 수 있나요?

4박 5일 해외여행 하는데 꼭 두꺼운 책이 필요해?

7. 카페 이용하기

TIP '리필이 되는지, 얼음을 넣을지, 어떤 사이즈를 주문할지, 어디서 마실지' 등 한국에서도 주문을 하기 때문에 상황이 어색하지는 않다. 다만, 적절한 표현만 알고 가자.

❶ 음료 주문하기

▸ One americano please.
아메리카노 한 잔이요.

▸ Can I get one americano?
아메리카노 한 잔 되나요?

▸ Iced, please.
아이스로요.

▸ No, ice please.
얼음은 넣지 말아주세요.

❷ 요구 사항 말하기

▸ For here.
여기서 마실게요.

▸ To go.
가져갈게요.

▸ Can I get a refill?
리필 되나요?

▸ Can you put a sleeve on it?
컵 슬리브 좀 씌워주실래요?

8. 쇼핑하기

TIP 쇼핑할 때는 '사이즈, 색깔, 재질'등에 대한 질문을 할 수 있다.
또한, '반품'이나 '환불'에 대한 표현도 꼭 알아두자.

❶ 매장 안 둘러보기

▸ Where is the men's section?
남성 코너는 어디에 있나요?

▸ Where is the fitting room?
피팅룸은 어디에 있나요?

▸ I'm just looking around.
그냥 혼자 구경 좀 하려고요.

▸ What is the most popular item here?
여기에서 가장 잘 나가는 상품이 무엇이죠?

❷ 제품 판매 상태 물어보기

▸ Is it sold out?
이거 품절됐나요?

▸ Is it on sale?
세일 중인가요?

▸ Is it new?
이거 새 상품인가요?

▸ Is it all that you have?
이게 전부인가요?

❸ 상품에 대해 물어보기

▸ Can I try it on?
이거 입어봐도 돼요?

▸ I think it's too big for me.
저에게는 너무 큰 것 같아요.

▸ Do you have this in my size?
저에게 맞는 사이즈가 있나요?

▸ Do I have to do dry cleaning?
드라이 해야 하나요?

❹ 구입하기

▸ I'll take this.
이걸로 할게요.

▸ I would like both.
둘 다 할게요.

▸ I would like to get a new one.
새로운 것으로 받고 싶습니다.

▸ I don't like it.
별로예요.

❺ 가격 문의하기

▸ How much is this?
이거 얼마인가요?

▸ How much is this shirt?
이 셔츠 얼마인가요?

▸ It's too expensive.
너무 비싸요.

▸ Can I get a discount?
할인 받을 수 있나요?

❻ 계산하기

▸ Are you in line?
줄 서신 거 맞나요?

▸ How much is the total?
총 얼마인가요?

▸ Can I get a tax refund?
세금 환급을 받을 수 있나요?

▸ Where can I ask for a tax refund?
세금 환급은 어디서 요청드리나요?

❼ 포장 / 배송

▶ Can you put it in the shopping bag?
쇼핑백에 담아주실래요?

▶ Can you put them separately?
따로따로 넣어주실 수 있나요?

▶ Could you give me an extra bag?
쇼핑백 하나 더 주실 수 있나요?

▶ Do you have delivery service?
배송 서비스 있나요?

❽ 교환 / 반품 / 환불

▶ Is it refundable?
환불 가능한가요?

▶ Is it possible to exchange?
교환 가능한가요?

▶ Can I exchange this for another one?
다른 걸로 교환해도 되나요?

▶ I would like to return this.
이거 반품하고 싶어요.

9. 관광하기

TIP 요새는 현지보다는 온라인으로 미리 관광 관련 구매를 많이 하기 때문에, 크게 어렵지는 않다. 다만, 항상 관광지에서 한국말로 설명을 하는 안내서나, kit가 있는지는 꼭 확인해볼 것.

❶ 관광지 정보 물어보기

▸ Can I get a tourist map?
관광 지도 좀 받아볼 수 있나요?

▸ How much is the admission fee?
입장료는 얼마예요?

▸ Do I have to get a ticket online?
온라인에서 표를 구입해야 하나요?

▸ What is this line for?
이거 무슨 줄인가요?

❷ 관광지 운영 정보 물어보기

▸ Do you have a Korean version?
한국어 버전 있나요?

▸ What time do you close?
몇 시에 폐장 하나요?

▸ Can I take a photo here?
여기서 사진 찍어도 되나요?

▸ Is it open to public?
여기도 개방되어 있나요?

10. 해외 공항 출국하기

TIP 한국으로 다시 입국할 때는 해외 현지 공항에서 절차를 마쳐야 한다.

① 출국 공항

▸ Where is the departure area?
출국장이 어디죠?

▸ Where is the check-in counter for Korean Airline?
대한항공 탑승 수속 카운터는 어디인가요?

▸ Where can I get my tax refund?
어디서 세금 환급받을 수 있나요?

▸ I would like to get the refund in dollars.
달러로 환급받고 싶어요.

② 항공권 예약하기

▸ I would like to book a flight to Korea.
한국행 비행기를 예약하고 싶어요.

▸ I wanna leave this Friday.
이번 주 금요일에 출발하고 싶어요.

▸ One way, please.
편도로 해주세요.

▸ Economy class, please.
일반석으로 해주세요.

❸ 좌석 배정 요구하기

▸ Can I get an aisle seat?
통로 좌석으로 주실래요?

▸ I wanna sit in the front.
앞쪽에 앉고 싶어요.

▸ I would like to sit together.
같이 앉고 싶어요.

▸ Do you have a seat next to the emergency exit?
비상구 옆에 자리가 있나요?

❹ 수하물 붙이기

▸ I would like to check in this bag.
이 가방 부칠게요.

▸ Is this over the weight limit?
이 짐이 허용 무게를 초과하나요?

▸ I'll carry it with me.
이건 기내에 들고 탈게요.

▸ How much is the extra charge?
추가 요금이 얼마인가요?

❺ 보안 검색 및 출국 수속

▸ Here's my passport.
여기 제 여권입니다.

▸ I have nothing in my pocket.
주머니에 아무것도 없습니다.

▸ Can I take this on board?
이거 가지고 탈 수 있나요?

▸ What time do I have to be at the gate?
몇 시까지 게이트로 가야 하나요?

❻ 기내

▸ When is the meal served?
기내식이 몇 시에 제공되나요?

▸ When is the landing time?
착륙 시간은 언제인가요?

▸ I would like to skip the meal.
식사는 거르겠습니다.

4박 5일 해외여행 하는데
꼭 두꺼운 책이 필요해?

2022년 6월 1일 초판 1쇄 발행
2022년 10월 31일 초판 2쇄 발행

지 은 이 ㅣ서장혁
펴 낸 이 ㅣ서장혁
디 자 인 ㅣ이가민
마 케 팅 ㅣ윤정아 최은성

펴 낸 곳 ㅣ토마토출판사
주   소 ㅣ서울시 마포구 양화로161 케이스퀘어 727호
T E L ㅣ1544-5383
홈페이지 ㅣwww.tomato4u.com
E-mail ㅣsupport@tomato4u.com
등   록 ㅣ2012. 1. 11.
I S B N ㅣ979-11-90278-69-0 (13740)